Inhalt

Konkurrenz aus Fernost - der deutsche Finanzplatz im globalen Standortwettbewerb

Kernthesen

Beitrag

Fallbeispiele

Zahlen und Fakten

Weiterführende Literatur

Impressum

Konkurrenz aus Fernost - der deutsche Finanzplatz im globalen Standortwettbewerb

Autor GENIOS BranchenWissen: J.Reichert

Kernthesen

- Der Boom der asiatischen Volkswirtschaften lässt zahlreiche Finanzplätze in Konkurrenz zu dem deutschen Finanzstandort treten.
- Die Globalisierung ist nicht als Gefahr zu verstehen, sondern bietet der deutschen Kreditwirtschaft auch zahlreiche Chancen.
- Politik und Wirtschaft sind gleichermaßen gefordert, aktiv an einer Stärkung des deutschen Finanzplatzes mitzuwirken.
- Das Drei-Säulen-Bankensystem kann sich

als Hemmschuh für die globale Konkurrenzfähigkeit der deutschen Kreditwirtschaft erweisen.

Beitrag

Die deutsche Wirtschaft kann sich bisher als einer der Gewinner der Globalisierung sehen. Jedoch hängt die weitere Entwicklung von einem offenen und unprotektionistischem Handeln ab, welches gerade für die Finanzströme der lokalen Finanzbranche von großer Bedeutung ist. Um den Finanzstandort Deutschland wettbewerbsfähig zu halten, ist gerade durch die Politik ein mutigeres Handeln beim Schaffen der regulatorischen Rahmenbedingungen erforderlich.

Deutschland ist neben den asiatischen Schwellenländern ein Gewinner der Globalisierung

Die Globalisierung ist eine Erfolgsgeschichte. Schaut man speziell auf die wirtschaftliche Entwicklung in Asien, dann bietet sich dem Betrachter eine imposante Erfolgsstory. Die in den asiatischen Schwellenländern besonders dynamisch voranschreitende Globalisierung hat dort zu hohen Wachstumsraten, enormen Devisenreserven und einer Vielzahl ausländischen Direktinvestitionen geführt. Aber auch in den meisten alten Volkswirtschaften wie beispielsweise Deutschland hat die Globalisierung zu mehr Arbeitsplätzen geführt. Das Interesse ausländischer Unternehmen am Wirtschaftsstandort Deutschland ist ungebrochen hoch. [Abb.1] Gleichzeitig hat sich der Finanzdienstleistungssektor jedoch in den letzten zwanzig Jahren grundlegend verändert. Das Verhältnis der Total Financial Assets zum weltweiten Brutto-Inlands-Produkt ist von 109 Prozent im Jahre 1980 auf 316 Prozent in 2005 angestiegen. Neue Player wie Private-Equity-Gesellschaften und Hedge-Funds sind auf den Kapitalmarkt getreten, welche zunehmend die Funktion der Unternehmensfinanzierung übernehmen. (5)

Der deutsche Finanzplatz ist auf dem Prüfstand

In Deutschland ist man von der Entwicklung in Asien und insbesondere von China stark beeindruckt. Nach einer aktuellen Umfrage des deutschen Bankenverbandes schätzen 62 Prozent der Befragten die Volksrepublik China wirtschaftlich erfolgreicher ein als die USA und die Staaten der europäischen Union. Ein ähnlich großer Anteil beurteilt China sogar als den global gesehen größten wirtschaftlichen Konkurrenten Deutschlands in der Zukunft. Die Frage scheint daher gerechtfertigt, ob der Finanzstandort Deutschland dem globalen Wettbewerb gewachsen ist und welche Aufgaben und Herausforderungen sowohl die Banken als auch die Politik bewältigen müssen, um auch zukünftig noch die sich bietenden Chancen der Globalisierung nutzen zu können. (4)

Der deutsche Heimatmarkt verliert für global agierende Banken an Bedeutung

Für die großen Banken gilt, dass sich ihr Blick nicht mehr allein auf den Heimatmarkt fokussieren sollte. In der Geschäftsentwicklung geht es zukünftig zumindest für die global agierenden Kreditinstitute in viel stärkerem Maße darum, ihre Leistungsfähigkeit an den internationalen Finanz-, Güter- und

Dienstleistungsmärkten dauerhaft zu beweisen. Zusätzlich gilt es mehr als in der Vergangenheit, Innovationsfähigkeit bei der Entwicklung neuer Produkte zu zeigen, ein ausgefeiltes Risikomanagement zu etablieren und ein feines Gespür für globale Marktentwicklungen zu besitzen. Trotzdem kann auch ein attraktiver und starker Finanzstandort Deutschland nur in ihrem Interesse sein, da dieser immer noch das Fundament für ihre Geschäftstätigkeit ist. Nicht zuletzt aus diesem Grund beteiligen sich viele Akteure des deutschen Finanzmarktes wie zum Beispiel die Deutsche Bank an der Initiative Finanzplatz Deutschland, um den Finanzstandort Deutschland für die Zukunft zu stärken. (8), (10)

Stärkung des Standortes erfordert Zusammenspiel von Politik und Wirtschaft

Sowohl Politik und Wirtschaft haben inzwischen erkannt, dass eine aktive Pflege des Finanzplatzes Deutschlands von großer Bedeutung ist. Nur so kann das bisher positive Image des Standorts Deutschland auch in Zukunft gesichert werden. [Abb.2]

Aktionistischer Protektionismus ist dabei das falsche Mittel und führt langfristig nicht zu den möglicherweise erhofften Wohlfahrtsgewinnen im Inland. Offene Märkte und damit auch grenzüberschreitende Investitionen sind für den Wohlstand in Deutschland unverzichtbar. Dies bedeutet, dass auch die in der öffentlichen Diskussion oftmals skeptische Haltung gegenüber Beteiligungen ausländischer Banken an deutschen Instituten aufgegeben werden sollte. Eine durch die Politik aufgebrachte Diskussion über Heuschrecken und pauschale Kritik über geldgierige Finanzmanager ist da eher kontraproduktiv und schafft mehr Misstrauen gegenüber dem für Deutschland so wichtigen Finanzsektor. Der Stellenwert der Banken bzw. der Finanzwirtschaft an sich wird allein durch das von seinem Umfang her mächtige Kreditwesengesetz deutlich. Dieses schafft einen Rahmen zur Vorbeugung gegen Störungen und Risiken des nationalen Finanzmarktes und zu dessen Stabilisierung, um somit die Funktionsfähigkeit des Bankgewerbes zu gewährleisten. (9), (11)

Die Politik hängt ihren eigenen Ansprüchen hinterher

Aufgabe der Politik muss es sein, den Finanzplatz Deutschland wie im Koalitionsvertrag von 2005 festgehalten, zu stärken. Aktuell scheint dieses Ziel jedoch ein wenig aus den Augen verloren gegangen zu sein. Die deutsche Lösung zur Einführung von Real Estate Investment Trusts kann man bestenfalls als halbherzig bezeichnen und auch die aktuell diskutierten Regelungen für den Private-Equity-Sektor sind nur ein kleiner Schritt in die richtige Richtung. Außer, dass die Politik mehrwertige regulatorische Rahmenbedingungen aufsetzt, geht es für sie jedoch auch darum, die Interessen des eigenen Finanzplatzes im Ausland zu vertreten und gegenüber ausländischen Investoren für den Finanzstandort Deutschland zu werben. Es ist zu hoffen, dass er diese Unterstützung erhält. Vor diesem Hintergrund muss auch die Frage aufgeworfen werden, wie lange es sich Deutschland noch erlauben kann, an dem Drei-Säulen-Bankensystem bestehend aus privaten, öffentlichen und genossenschaftlichen Banken festzuhalten. In anderen europäischen Ländern wie Italien, Frankreich oder Spanien hat die Politik Handlungsfähigkeit bewiesen und alte Strukturen aufgebrochen, indem die Privilegien öffentlicher Institute abgebaut wurden, ein Schritt zu dem sich die deutsche Politik bisher nicht durchringen konnte. (4), (11)

Bedeutende nationale Banken und ausländisches Kapital stärken die Attraktivität des Finanzplatzes Deutschland

Um dem internationalen Wettbewerb entgegen treten zu können und auch in Zukunft konkurrenzfähig zu bleiben, braucht der Finanz- und Bankenstandort Deutschland weniger, aber dafür stärkere Banken. Der Staat sollte sich dabei weitestgehend aus der Kreditwirtschaft zurückziehen, allein das Fördergeschäft sollte davon unberührt bleiben. Je stärker die Politik dafür sorgt, dass produktive Rahmenbedingungen für die Finanzwirtschaft herrschen, umso besser können die Banken ihren Beitrag für eine steigende Bedeutung des deutschen Finanzplatzes leisten. Deutschland muss Interesse an ausländischem Kapital haben, nur so kann im Umkehrschluss davon ausgegangen werden, dass global agierende deutsche Unternehmen im Ausland Beteiligungen erwerben können. Dabei gilt es für deutsche Banken die hiesige Wirtschaft zu begleiten und zu unterstützen und sich ebenfalls international aufzustellen. (3), (10)

Fallbeispiele

Privatbank Sal. Oppenheim verlagert Firmensitz nach Luxemburg

Das Thema Internationalisierung wurde unlängst von der Bank Sal. Oppenheim konsequent in die Tat umgesetzt. Die größte deutsche Privatbank im Firmenbesitz hat ihren Firmensitz nach Luxemburg verlegt und damit dem deutschen Finanzplatz den Rücken gekehrt. Der Bank nach ist Luxemburg ein idealer Standort für den weiteren Ausbau des internationalen Geschäftes. Gleichzeitig bietet der Standort Bedingungen für die weitere Expansionsstrategie der Bank, die so in Deutschland nicht mehr gegeben waren. Zukünftig verbleiben nur noch die Geschäftsbereiche Vermögensverwaltung und Investmentbanking in Deutschland. (2)

Asiatische Regierungen positionieren ihre Finanzplätze im internationalen Wettbewerb

Im globalen Wettbewerb versuchen einige Regierungen ihren eigenen Finanzstandort zu stärken. In Singapur wurden in den letzten Jahren zahlreiche Anstrengungen unternommen, eine lokale Private-Banking-Industrie aufzubauen und damit in den direkten Wettbewerb mit Standorten wie Luxemburg oder der Schweiz zu treten. Größter Vorteil von Singapur ist dabei wohl, dass die Einwohner Mandarin sprechen und damit das Geschäft mit China erleichtert wird. Parallel dazu ist die Regierung von Dubai derzeit fest entschlossen, einen bedeutenden Finanzplatz aufzubauen. Durch niedrige Steuern und hohe Gehälter soll dabei das Anwerben von Fachkräften gefördert werden. (1)

Zahlen & Fakten

Geplante Investitionen am Wirtschaftsstandort Deutschland 2005-2006*

Antwort	2006	2005
	in Prozent	
Erwerb von Beteiligungen	46	33
Gründung von Tochterunternehmen	33	28
Kauf von Unternehmen oder Betriebsstätten	7	25
Ausstattung von Unternehmen vor Ort mit Anlagen und Kapital	2	2
Sonstiges	2	2
Weiß nicht	11	7

* Frage: "Welche Arten von Direktinvestitionen planen Sie konkret?" GBI-Genios Grafik
Basis: Grundgesamtheit der Unternehmen, die bereits in Deutschland tätig sind.
Telefonische Befragung von 1 019 Führungskräften, allesamt Vorstände und Geschäftsführer international tätiger Unternehmen. Außerdem weitere 203 Entscheider speziell zum Standort Deutschland.

Quelle: Ernst & Young, CSA

Entnommen aus: Ernst & Young, Kennzeichen D: Standortanalyse 2006, S. 26 (6)

Prognose zur Standortentwicklung in den nächsten drei Jahren*

Attraktivität Deutschlands wird sich verbessern oder verschlechtern...	Anteil in Prozent
deutlich verbessern	8
eher verbessern	47
eher verschlechtern	11
deutlich verschlechtern	4
weiß nicht	6
weder noch	24
insgesamt "verschlechtern"	15
insgesamt "verbessern"	55

* Frage: Wird sich die Attraktivität Deutschlands in den nächsten 3 Jahren verbessern oder verschlechtern?
Grundgesamtheit: Unternehmen, die bereits in Deutschland tätig sind.

Quelle: Ernst & Young

Entnommen aus: Ernst & Young, Kennzeichen D: Standortanalyse 2006, S. 26 (7)

Weiterführende Literatur

(1) Chris Meares, globaler Chef Private Banking von HSBC, zum Boom unter Vermögensverwaltern und zu den Qualitäten des Standorts Schweiz «Preise für Privatbanken sind zu hoch»
aus Finanz und Wirtschaft vom 15.09.2007, Seite 45

(2) Nationale Eigenheiten versus internationale Vereinheitlichung - was zu tun ist und wo Lösungsansätze liegen

aus Zeitschrift für das gesamte Kreditwesen Ausgabe Technik 04 vom 15.11.2007

(3) Sparkassen-Finanzgruppe ist der kompetente Partner des Mittelstands - auch im internationalen Geschäft Grenzüberschreitende Begleitung sicher stellen
aus Die SparkassenZeitung, 25.01.2008, Nr. 04, S. B3

(4) Deutschland im Standortwettbewerb
aus Die Bank, Heft 03/2008, S. 14-16

(5) Globalisierung macht Regieren schwieriger Nomadisierende Märkte statt Nationen und Unternehmen – Wirtschaftspolitik wird immer mehr Standortpolitik
aus Finanz und Wirtschaft vom 05.03.2008, Seite 26

(6) D: Deutschland als Wirtschaftsstandort aus Sicht internationaler Unternehmen 2005-2006
aus Ernst & Young, Kennzeichen D: Standortanalyse 2006, S. 26

(7) Deutschland: Standortpolitik 2005
aus Ernst & Young, Kennzeichen D: Standortanalyse 2006, S. 26

(8) Ein neuer, alter Champion?
aus Zeitschrift für das gesamte Kreditwesen 04 vom 15.02.2008 Seite 140

(9) Sind Banken etwas Besonderes?
aus Zeitschrift für das gesamte Kreditwesen 01 vom

02.01.2008 Seite 004

(10) Der deutsche Aktienmarkt im internationalen Kontext - Chancen und Herausforderungen für den Finanzstandort
aus Zeitschrift für das gesamte Kreditwesen 03 vom 01.02.2008 Seite 108

(11) Starke Banken für Deutschland - auch eine Verantwortung der Politik
aus Zeitschrift für das gesamte Kreditwesen 01 vom 02.01.2008 Seite 023

Impressum

Konkurrenz aus Fernost - der deutsche Finanzplatz im globalen Standortwettbewerb

Bibliografische Information der deutschen Nationalbibliothek

Die Deutsche Nationalbibliothek verzeichnet diese Publikation in der deutschen Nationalbibliografie; detaillierte bibliografische Daten sind im Internet über http://dnb.d-nb.de abrufbar.

ISBN: 978-3-7379-2074-2

© 2015 GBI-Genios Deutsche Wirtschaftsdatenbank GmbH, Freischützstraße 96, 81927 München, www.genios.de

Alle Rechte vorbehalten. Dieses Werk ist einschließlich aller seiner Teile – z.B. Texte, Tabellen und Grafiken - urheberrechtlich geschützt. Jede Verwertung außerhalb der Grenzen des Urheberrechtsgesetzes bedarf der vorherigen Zustimmung des Verlags. Dies gilt insbesondere auch für auszugsweise Nachdrucke, fotomechanische

Vervielfältigungen (Fotokopie/Mikroskopie), Übersetzungen, Auswertungen durch Datenbanken oder ähnliche Einrichtungen und die Einspeicherung und Verarbeitung in elektronischen Systemen.